PRACTIDEAS

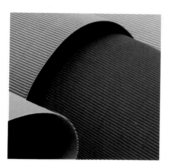

Cotillón
y decoración de fiestas

POR EL PROFESOR LUIS MUCHUT

longseller

Primera Comunión

El cáliz, vaso sagrado utilizado en la misa, resulta un símbolo adecuado para decorar la torta de la fiesta de comunión.

Materiales
- Esferas de telgopor: 1 Nº 3, 1 Nº 8 y 1 Nº 9
- Pintura acrílica dorada
- Pincel ● Givré
- Escarbadientes
- Papel crepe blanco
- Cola vinílica
- Cartulina blanca
- Tijera ● Trincheta

1. Cortar por la mitad las esferas Nº 8 y 9. Unir una mitad de cada una con la Nº 3, utilizando un escarbadientes engomado con cola vinílica.

2. Mezclar pintura dorada y cola vinílica en partes iguales. Pincelar toda la superficie con esta mezcla. Espolvorear con givré (ver pág. 50). Dejar secar.

3. Cortar una tira de papel crepe blanco de 11 cm de ancho por 80 cm de largo. Hacerle un hilo de givré pegado con cola en uno de los extremos. Fruncir sobre un círculo de cartulina blanca de unos 7 cm de diámetro.

4. Adherir el cáliz al círculo de papel fruncido. Para hacer la hostia, recortar un círculo de cartulina de 5,5 cm de diámetro y adornar con givré en los bordes. Hacer un corte en la parte superior del cáliz e introducir la hostia de cartulina.

Noche de Halloween

Una festividad de origen europeo que se festeja el 31 de octubre y que año a año cobra fuerza entre niños y adultos de todo el mundo.

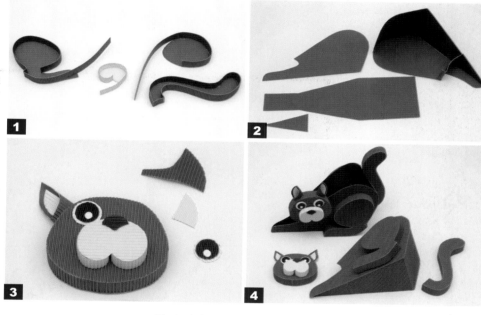

Materiales ●Cartón microcorrugado negro, amarillo, naranja, celeste, marrón, rosa, verde, blanco y beige ●Cola vinílica ●Cemento de contacto ●Esfera de telgopor: 1 N° 4 y 1 N° 5 ●Punzón ●Papel crepe naranja, verde ●Escarbadientes ●Marcador de punta fina color negro ●Cartulina verde ●Tijera

1. Gato. Recortar todas las partes en cartón marrón y rosa, según los moldes. Utilizando tiras de 2 cm de ancho armar la cabeza, el hocico, la cola y las patas traseras. Estas tiras deben cortarse cruzando el acanalado del cartón, lo que permitirá una adaptación perfecta a los contornos curvos.

2. Armar el cuerpo uniendo los laterales a la base. Pegar el espesor de las patas delanteras.

3. Armar los ojos en cartón celeste y negro y las orejas en marrón y beige. Pegarlos a la cabeza junto con el hocico.

4. Pegar la cabeza y la cola al cuerpo.

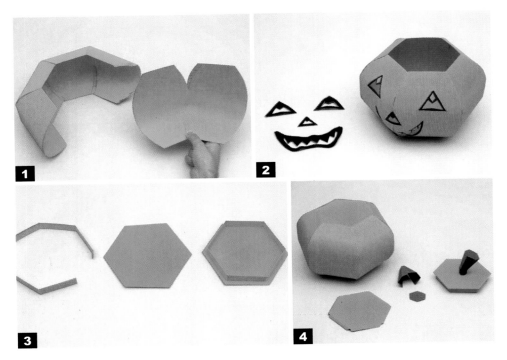

1. Calabaza. Cortar cuatro gajos y dos más, en cartón, según moldes. Debe hacerse así, porque la medida de la cartulina no deja cortarlos juntos. Dibujar aletas de un lado de las uniones, cortar y pegar, superponiéndolas.

2. Cortar la base y pegar a las paredes por las aletas. Cortar ojos, boca y nariz y pegar por dentro.

3. Cortar la parte superior de la tapa y los bordes. Pegar dejando 1 cm en el borde.

4. Armar el tronco en cartón verde, marcando las líneas de los dobleces. Cerrar formando un cono. Pegar la tapa del tronco. Pegar el tronco armado a la tapa.

1. Brochette. Para hacer la calabaza, recortar nueve gajos de cartulina según los moldes y pegar con cola vinílica sobre 1/2 esfera N° 4 y 1/2 esfera N° 5 unidas por un escarbadientes.

2. Forrar la calabaza (ver pág. 51). Dibujar la cara.

3. Forrar un palito de bochette. Hacer zarcillos retorciendo papel crepe verde.

4. Meter el palito forrado en uno de los extremos de la calabaza, previamente agujereada. Pegar los zarcillos en la parte superior de la calabaza.

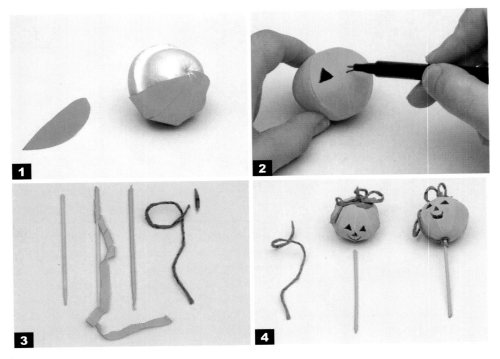

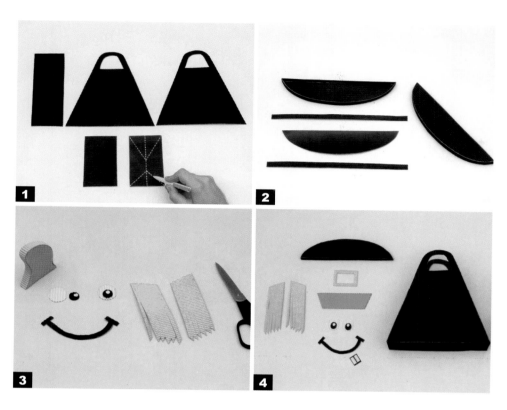

1   **2**

3   **4**

1. Bolsa. Recortar las partes que forman la bolsa base, según los moldes. Las dos piezas que corresponden al fuelle deben recortarse con las líneas del cartón en sentido horizontal. Las líneas de quiebre que facilitan el plegado deben ser marcadas con una punta seca (ver pág. 50), siguiendo las indicaciones del molde. Unir las cuatro caras que forman la bolsa con cola vinílica.

2. Para armar el ala del sombrero, unir las dos partes que la componen con dos tiras de 1 cm de ancho.

3. Para hacer la cara, unir las dos partes que forman la nariz con una tira de 1 cm de ancho. Cortar los ojos y la boca en blanco y negro. Cortar las partes correspondientes al pelo en cartón amarillo y realizar cortes para formar flecos de 0,5 cm de ancho, terminados en punta.

4. Pegar sobre el frente de la bolsa, a 10 cm del borde superior, los trozos más grandes de pelos. Centrar sobre éstos la cara y ubicar encima la nariz, los ojos, la boca, la cinta y la hebilla. Sobre la línea de terminación del pelo pegar el ala, luego los mechones laterales y para terminar, colocar la nariz, los ojos, la boca y los dientes.

Ositos cariñosos

Las figuras realizadas sobre esferas de telgopor forradas con papel crepe son básicas en el cotillón infantil.

Tips

□ **Globos:** Se hacen con una esfera Nº 4 forrada y con alambre de floristería revestido con blanco.

□ **Sombrilla:** Cortar la sombrilla según el molde. Unir por los bordes con cola vinílica. Debe quedar un agujerito en la punta. Forrar un palito de brochette con papel crepe naranja. Pasar por el agujerito de la sombrilla y pegar con cola por dentro.

Materiales

● Esferas de telgopor: 3 Nº 2, 1 Nº 3, 2 Nº 4, 2 Nº 5 y 1 Nº 8 ● Cartulina naranja, azul, rosa, blanca ● Papel crepe naranja, azul oscuro, rosa, rojo, verde y amarillo ● Cola vinílica ● Punzón ● Escarbadientes ● Palitos de brochette ● Marcador negro

1. Armar la cabeza con 1/2 esfera Nº 4 y 3/4 de una Nº 3. Unir ambas partes con 1/2 escarbadientes. Forrar con papel crepe azul (ver pág. 51). Para el cuerpo forrar una esfera Nº 5.

2. Hacer cada patita con dos 1/2 esferas Nº 2 forradas, 1/2 para la pierna y 1/2 para la pata. Cortar las plantas en cartulina azul, las huellas plantares de color rosa y pegarlas a dos de las 1/2 esferas. Unir de a dos 1/2 esferitas por la parte curva, con un trocito de escarbadientes.

3. Unir la pata al cuerpo con 1/2 escarbadientes. Hacer el hocico y la panza en cartulina rosa; nariz, pelo y brazos en azul y orejas en azul y rosa. Pintar los ojos sobre un círculo blanco.

4. **Hongos.** Armar la parte inferior con 1/2 esfera Nº 5, 1/2 Nº 4 y 1 Nº 2 y forrar con papel rosa. Para la de arriba usar 1/2 esfera Nº 8, forrar con papel rojo y decorar con círculos de cartulina blanca. Armar sobre una base hecha con 1/2 esferas y decorar con pastitos de dos colores (ver pág. 52).

Globos en flor

La decoración con globos es muy fácil de llevar a cabo y sumamente efectiva a la hora de adornar el salón de fiestas.

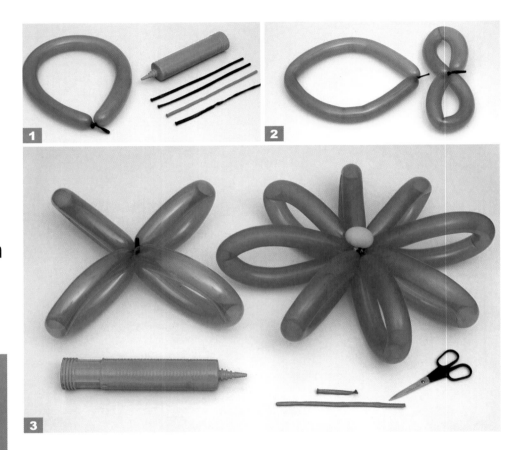

Tips

□ Con los globos comunes también es posible armar adornos. Se unen por los nuditos y en el centro se agrega un globito de globología cortado.

Materiales
- Globos de globología de diversos colores
- Inflador de globos
- Tijera

1. Inflar un globo de globología y atar los extremos entre sí.

2. Juntar en el centro formando un ocho y rotar ambas partes en sentido opuesto.

3. Juntar dos globos preparados como se indica en el paso 2 por el centro, siempre rotando ambos en sentido opuesto. Agregar a este armado un tercer globo y luego el cuarto. Quedan en total ocho pétalos alargados. Ubicar en el centro un globito cortado (ver pág. 50) de un color contrastante y atar sus puntas a las de los otros globos. Inflar un globo verde para hacer el tallo y las hojas. Con globos acortados de color verde realizar los pastitos. Pegar las flores, los tallos y los pastos con cinta adhesiva.

Castillo de hadas

Dadas las dimensiones del adorno, resulta muy indicado para una torta de buen tamaño.

Materiales

- Esferas de telgopor: 7 N° 1, 2 N° 2 y 3 N° 6
- Cartón microcorrugado naranja y verde
- Cartulina marrón, amarilla, blanca, rosa, violeta y celeste
- Papel crepe amarillo, rosa, rojo, verde, blanco y naranja flúo
- Tijera
- Escarbadientes
- Cola vinílica
- Marcador negro

1. Castillo. Para hacer la torre, cortar un rectángulo de cartulina marrón de 28 x 20 cm. Formar un cilindro y pegar con cola. Para la torre menor, proceder del mismo modo pero con un cuadrado de cartulina marrón de 7 cm de lado. Para realizar el techo arquear el cono y cerrarlo.

2. Cortar por la mitad las dos esferas N° 6 y forrar tres de estas mitades con papel crepe amarillo. Decorar el borde superior con una tira de papel naranja de 1 cm de ancho.

3. Para armar la torre, colocar la media esfera ya forrada en el extremo del cilindro mayor y fijar con cola vinílica. Luego, pegar el cilindro menor y sobre éste el cono. Realizar de este modo las tres torres.

4. Para hacer las murallas, montar los rectángulos de cartulina sobre cartón microcorrugado.

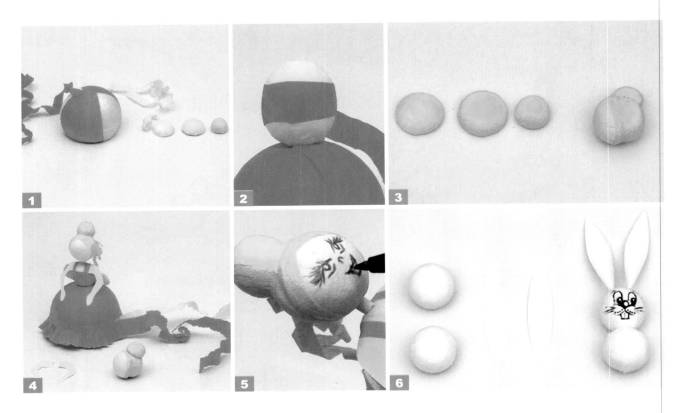

1. **Princesa.** Eliminar en la base 1/4 de la altura de una esfera N° 6. Cortar dos esferas N° 2 por la mitad y aplastar levemente. Forrar con papel rojo la esfera N° 6 cortada (ver pág. 51). Forrar dos de las mitades de las N° 2 con rosa y 1/2 esfera N° 1 con amarillo.

2. Para realizar el torso, unir con un escarbadientes 1/2 esfera N° 2 forrada con papel crepe rosa en la parte superior de la esfera N° 6. Tomar una tira de papel rojo, pegar en la mitad de la esfera N° 2 y empezar a forrar aproximadamente por la mitad, como envolviendo, no del modo tradicional.

3. Para hacer la cabeza, unir dos 1/2 esferas N° 2, una forrada con papel rosa y la otra con amarillo. Disimular la unión pasando una o dos vueltas de papel crepe amarillo. Terminar con un rodete hecho con cartulina amarilla, cortada siguiendo el molde.

4. Recortar los brazos en cartulina rosa y curvar ligeramente en la zona de los hombros. Apoyar la parte curvada sobre el filo del torso y pegar. Colocar un punto de cola en la mano y pegar a la falda. Repetir la operación con el otro brazo y colocar los breteles. Para realizar el volado, cortar una tira de papel rojo y otra de papel rosa. Fruncir a 2 cm del borde inferior del vestido. Disimular el borde con una o dos vueltas de papel rojo.

5. Dibujar la cara con marcador. Colocar 1/2 escarbadientes para el cuello y pasar varias vueltas de papel crepe hasta conseguir el ancho adecuado.

6. **Conejo.** Forrar dos esferas N° 1 con papel crepe blanco. Unir ambas con un escarbadientes. Cortar dos orejas en cartulina blanca e insertarlas en la parte superior de la cabeza. Dibujar la carita.

TipS

□ El castillo se adapta para un varón si en lugar de la princesa se usa un guerrero o soldaditos.

7. Armado. Armar un triángulo con las tres torres sobre un cuadrado de cartón microcorrugado verde y unirlas mediante las murallas. Decorar el castillo con puertas y ventanas de cartulina amarilla y ladrillos de cartón microcorrugado naranja. Decorar con pasto realizado con tiritas de papel crepe amarillo y verde, algunas florcitas de cartulina y los conejitos a los costados. Completar con honguitos. La base es una esfera N° 2 completa forrada de blanco (ver pág. 51) y la cabeza se hizo con 1/2 esfera N° 3 y 1/2 N° 4.

Como una hawaiana

Un disfraz ideal para vender: es fácil de hacer y económico. La técnica de flores se puede aplicar en diversos artículos de cotillón.

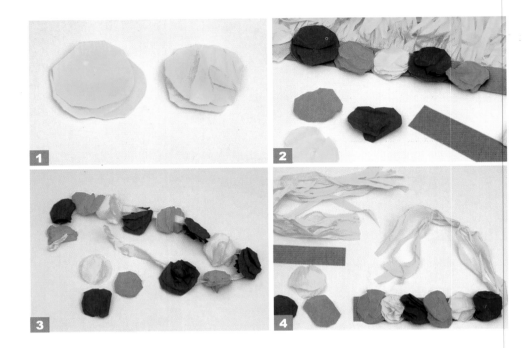

Materiales
●Papel crepe color amarillo, violeta y fucsia ●Cola vinílica ●Cartulina verde oscuro ●Abrochadora

Tips

□ Para optimizar el tiempo de trabajo, en lugar de hacer cada flor y pegarla, se las puede abrochar directamente sobre la superficie a decorar (en este caso, pollera, vincha o collar).

1. Flores. Cortar los pétalos de modo desparejo y con puntas. Cada flor tiene un mínimo de tres pétalos y un máximo de cinco. Cortar todos juntos, despegar y abrochar desparejos. Tomar los dos superiores y rotarlos unos 3 cm hacia la derecha. Luego tomar el superior y rotarlo en sentido opuesto, como volviéndolo a su posición original.

2. Pollera. Tomar el pliego de papel crepe y trabajar sin desenrollar. Cortar flecos de 45 cm de largo y dejar 2 cm sin cortar. Fruncir y pegar con cola sobre una tira de cartulina de 3 cm de ancho por la medida de la cintura de la niña. Decorar con flores fucsias, amarillas y violetas. Los flecos se fruncen sobre el reverso de la faja verde y las flores se pegan sobre el frente de la tira.

3. Collar. Cortar una tira de papel crepe de 90 x 3 cm y doblar al medio, por el ancho. Pegar flores de color fucsia, amarillo y violeta de ambos lados de la tira.

4. Vincha. Cortar una tira de cartulina de 22 x 4 cm. Decorar con flores amarillas, fucsias y violetas y con flecos de papel crepe amarillo en ambos costados. Sostener en la cabeza con un elástico o con clips.

Piñata multicolor

Además de entretener a los niños esta piñata de cartón, pone un original toque de color en la sala de la fiesta.

Materiales
● Cartón microcorrugado celeste y negro
● Cemento de contacto
● Lápiz y regla
● Tijera ● Papel crepe rojo, azul y turquesa
● Abrochadora
● Cinta de seda celeste

1. Cortar ocho cuadrados celestes y nueve de color negro, una pieza de cierre en celeste y ocho triángulos negros, según los moldes. Marcar por las líneas y doblar las aletas.

2. Formar una cruz con cinco cuadrados pegados entre sí por las aletas, dejando en el centro uno de color negro.

3. Pegar los triángulos negros a las aletas de los cuadrados celestes, cerrando los ángulos.

4. Pegar cuatro cuadrados negros y cuatro celestes intercalándolos. Hacer coincidir los triángulos con los celestes.

5. Agujerear la pieza de cierre y pasar la cinta. Para la parte inferior unir 4 cuadrados celestes y 4 triángulos negros.

6. Colocar las golosinas y pegar la tapa. Aplicar flores azules (ver pág. 52) en los gajos negros y otras turquesa sobre los celestes. Terminar con lazos rojos, hechos con tiras de papel crepe rojo de 30 x 4 cm dobladas por la mitad y abrochadas.

Sombreros locos

Para despedidas de solteros, casamientos, cumpleaños de 15 y celebraciones de todo tipo, los sombreros divertidos son el cotillón preferido entre los invitados.

Materiales

- Espumina amarilla, blanca y rosa fuerte ●Goma EVA marrón, beige, roja, verde
- Goma EVA texturada roja
- Palitos de brochette
- Cemento de contacto
- Tijera ●Acrílico marrón
- Esponja

TipS

□ Los sombreros se pueden variar a gusto. Por ejemplo, la porción de pizza se puede reemplazar por una porción de torta y la tijera por un lápiz.

1

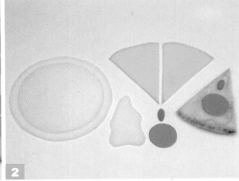

2

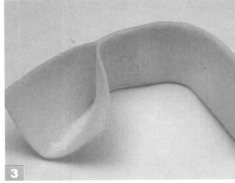

3

4

1. **Sombrero pizza**. Mantel: Cortar un cuadrado de espumina rosa de 35 cm de lado y 25 cuadrados de espumina blanca de 5 cm de lado. Pegar los cuadrados pequeños sobre el grande, formando un damero.

2. Plato y porción de pizza: Cortar dos aros de espumina blanca siguiendo el molde y unirlos entre sí, para formar el plato. Cortar y pegar dos triángulos de espumina amarilla, para hacer la pizza. Aplicar sobre ésta la espumina blanca que simula la mozzarella, luego la del tomate hecha con goma EVA roja y la aceituna de goma EVA verde. Esponjar con acrílico marrón, para simular el horneado. Pegar la porción en el centro del plato.

3. Cortar un rectángulo de 26 x 64 cm. Doblar por la mitad, armar un cilindro, y cerrar por los bordes utilizando cemento de contacto.

4. Pegar sobre el cilindro del paso 3 el mantel y luego el plato con la pizza. Por último, pegar dos de los extremos del mantel al cilindro.

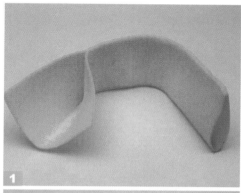

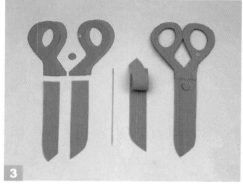

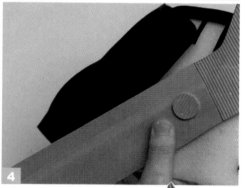

1. **Sombrero regla**. Cortar una tira de espumina de 34 x 64 cm. Doblar por la mitad y pegar.

2. Cortar en goma EVA marrón el borde superior, los números y los milímetros, la punta del centímetro y los marcadores de números, siguiendo los moldes. Pegar en el borde la tira marrón y a partir de ahí ubicar el resto de los elementos.

3. Tijera: Cortar las partes correspondiene en goma EVA roja y beige siguiendo los moldes. Para darle mayor firmeza a las hojas de la tijera, al pegar las partes de goma entre sí, colocar en la zona donde se superponen un palito para brochette. Proceder del mismo modo en el mango. Terminar con un botón de goma roja. Como la goma roja es texturada, cortar las partes en espejo y unir por el revés.

4. Al unir los extremos de la cinta terminada, superponer el extremo que tiene la punta de goma EVA cruzándola con una leve inclinación y pegando con cemento de contacto. Una vez que secó, pegar la tijera.

Bolsas con sorpresas

Realizadas en plástico muy dúctil, estas bolsas se adaptan a todo tipo de ocasión y festejo, tanto para grandes como para niños.

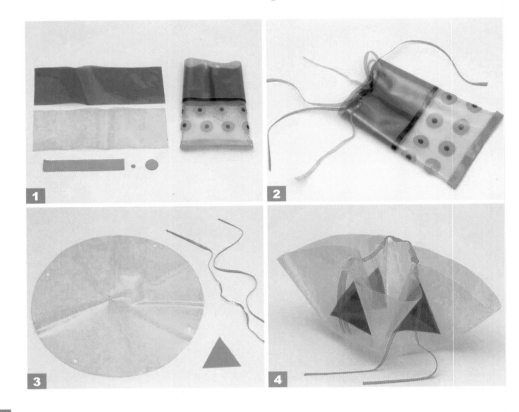

Materiales ●Plavinil rojo, amarillo y azul ●Cemento de contacto ● Tijera ● Sacabocados

1. **Bolsa rectangular**: Cortar dos rectángulos de 7 x 20 cm, uno en plástico amarillo y el otro azul. Pegar ambos entre sí con cemento de contacto. Cerrar formando un cilindro. Cortar un rectángulo de 2 x 11 cm de color rojo. Colocar pegamento y unir al borde de uno de los lados cerrándolo. Hacer dos orificios de cada lado de las caras de la bolsita.

2. Cortar tiritas de plástico de los tres colores y utilizarlas para atar la bolsita. Decorar con circulitos en dos colores.

3. **Manguito**: Cortar un círculo de 27 cm de diámetro en plástico amarillo y hacer cuatro agujeros equidistantes. Cortar cuatro triángulos de plástico azul de 6 cm de lado y tiritas de color rojo.

4. Llevar los círculos calados al centro y cerrarlos con las tiritas rojas. Pegar los triángulos en los laterales.

Para recibir al bebé

La cigüeña es el símbolo del nacimiento. Aquí se la usó para hacer el adorno de una torta de bienvenida.

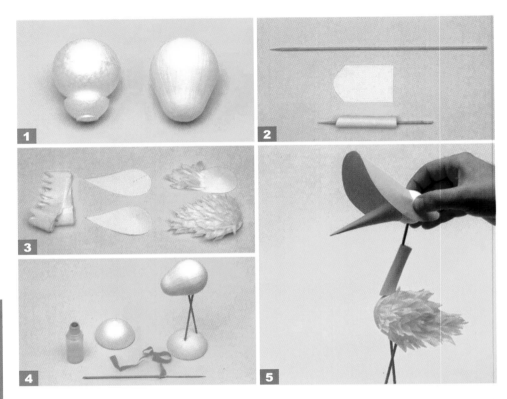

Materiales
- Esferas de telgopor: 2 N° 4, 1 N° 6 y 1 N° 7
- Papel crepe color blanco, rosa, naranja
- 3 palitos de brochette
- Cartulina blanca, rosa y naranja
- Cola vinílica
- Tijera
- Marcadores finos de color negro y celeste

1. Cuerpo. Partir una esfera N° 4 al medio. Unirla a otra N° 6 con un escarbadientes y forrar con blanco (ver pág. 51). Cabeza: forrar una esfera N° 4 con blanco y dibujar los ojos.

2. Cuello. Cortar un rectángulo de cartulina blanca según el molde y formar un tubo. Unir cabeza y cuerpo pasando un palito a través del cuello. Asegurar con cola.

3. Alas. Cortar en cartulina blanca según el molde. Hacer el corte indicado. Decorar con flecos de papel crepe blanco. Cerrar y pegar con cola vinílica.

4. Patas. Forrar dos palitos con papel naranja. Insertarlos en el cuerpo y en la 1/2 esfera N° 7 forrada con papel blanco.

5. Cerrar el pico de cartulina naranja y adherirlo a la cabeza. Pegar las alas a los costados del cuerpo. Decorar con una capelina de cartulina rosa, cortada siguiendo el molde y sostenida con un moño de crepe del mismo color.

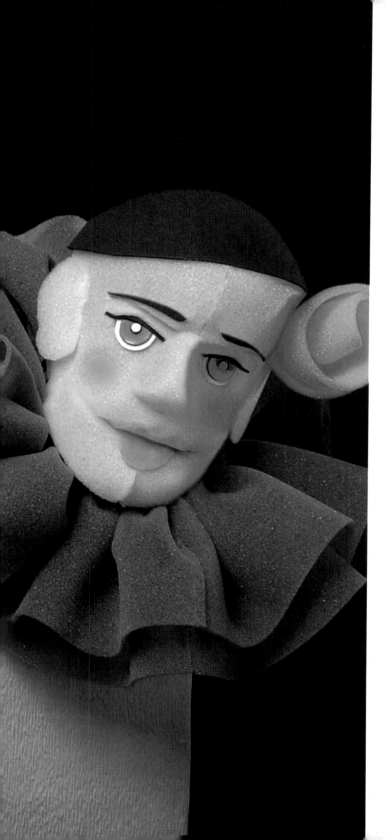

Trío de títeres

Los modelos de Colombina, Pierrot y Arlequín son un clásico de los antiguos carnavales y la base para realizar entretenidas piezas de teatro.

Materiales

- Gomaespuma o espuma de poliuretano blanca y naranja ●Tijera
- Cemento de contacto
- Goma EVA roja, azul Francia y negra
- Papel film ●Cartón microcorrugado blanco
- Sacabocados ●Aguja e hilo
- Botones blancos

Tips

☐ **Los tres son personajes cómicos de la antigua comedia italiana. Pierrot es un tipo de criado bufón. Colombina es la dama que ama a Arlequín, pero de quien está enamorado Pierrot.**
La lágrima de éste es consecuencia del permanente rechazo de la frívola señora.

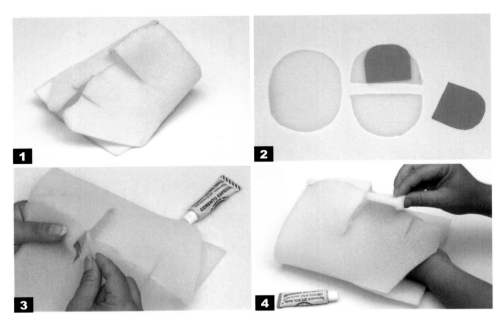

1. Cortar la cabeza en gomaespuma. Cortar por las líneas de puntos. Armar un cilindro, sin unir los cortes realizados por la línea de puntos: cada tramo se une por el espesor, pero no los tramos entre sí.

2. Cortar dos semiesferas de gomaespuma y dos de goma EVA roja y una pieza que equivale a las dos juntas, siguiendo los moldes.

3. Pegar el arco superciliar, para formar la frente.

4. Cortar y armar la nariz, siempre con gomaespuma. Pegarla a la cara.

5. Pegar las dos semiesferas de gomaespuma sobre el óvalo, pero sólo por el borde y luego adherir la parte que corresponde al paladar. Así queda armado un bolsillo, donde el titiritero meterá las manos.

6. Pegar el bolsillo a la parte interna de la boca, centrándolo. Pegar todo el recorrido de la forma a la parte interna de la cara, ya que le dará forma a la cabeza.

7. Para los ojos, cortar un círculo de cartón de 2,5 cm de diámetro y otro de goma azul de 1,5 cm de diámetro. Pegarlos concéntricamente. Pegar un círculo pequeño de goma negra, para el iris. Forrar con papel film. Pegar el ojo a la cara. Cortar el párpado en gomaespuma y pegar. Cortar una tira muy fina de goma negra de 3 cm de largo y pegar en la parte superior del párpado a modo de pestaña. Cortar la ceja en goma EVA negra y pegar. Esto es válido para Pierrot y Colombina, porque Arlequín lleva un antifaz de goma EVA negra.

8. Cortar la mandíbula en gomaespuma y pegar a la parte interna del mentón. Cortar y pegar las orejas, siempre siguiendo los moldes.

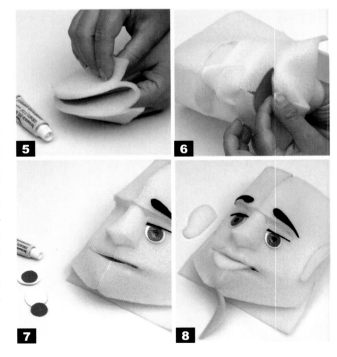

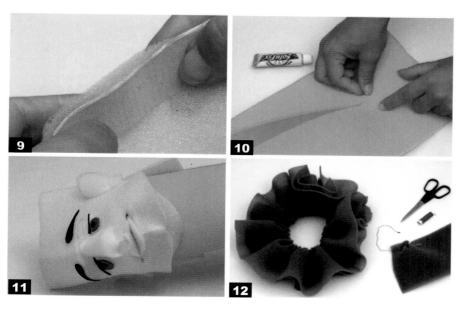

9. Cortar una tira de cartón de 1,5 x 60 cm y pegar por dentro del borde superior de la cabeza. Dar más de una vuelta.

10. Cortar la pieza que cubre el brazo del titiritero. Formar un cilindro y pegar.

11. Pegar la manga.

12. Cortar tres tiras de gomaespuma de 12 x 60 cm y unirlas entre sí. Repetir la operación con otra tira de 14,5 cm de ancho. Para Pierrot y Colombina, en gris y para Arlequín, en un color contrastante. Unir ambas por uno de sus lados y hacerles una bastilla, con hilo doble. Tirar del hilo y fruncir las dos a la vez. Atar los extremos del hilo.

13. Introducir el volado por la manga del títere y pegarlo a la cara.

14. Sombrero Pierrot. Cortar la pieza en goma negra según el molde. Cerrar formando un cono. Pegar los botones blancos.

15. Sombrero Arlequín. Cortar dos partes iguales, siguiendo los moldes, todo en goma EVA. Pegar ambas por las puntas y en el centro con un punto de pegamento. Decorar con rombos y círculos hechos con sacabocados.

16. Colombina. Hacer las mejillas y la rosa en gomaespuma roja. Colocarle un birrete de goma negra.

Tarjetas troqueladas

Indicadas como invitaciones o para regalar en ocasiones especiales.

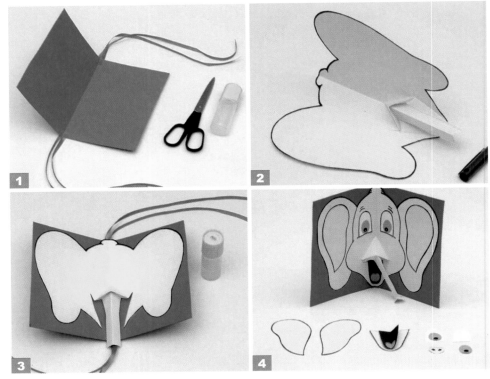

TipS

También se puede hacer un cocodrilo. Se necesita cartulina verde, roja y blanca, cartón microcorrugado verde y cinta de raso verde oscuro

Materiales

● Cartón microrrugado lila
● Cartulina amarilla, rosa, roja, negra, blanca y turquesa ● 1,20 m de cinta de raso bebé color lila
● Cola vinílica ● Marcador grueso negro ● Lápiz corrector blanco

1. Cortar un rectángulo de cartón lila de 24 x 17,5 cm. Marcar con punta seca (ver pág. 50) y doblar por la mitad. Pegar dos cintas a 1,5 cm de profundidad. Repetir en el otro extremo.

2. Cortar el elefante en cartulina amarilla. Marcar con punta seca los pliegues indicados y contornear con marcador.

3. Pegar el elefante a la tarjeta, sin pegar la trompa y sus pliegues. Hacer este paso con la tarjeta a medio abrir, para que el elefante se eleve al abrirla.

4. Cortar ojos, boca, orejas y la punta de la trompa. Rebordearlas con el marcador y pegar. Completar los detalles de expresión con marcador. Hacer un moño con las cuatro cintas sobre el lomo de la tarjeta.

Estrella colgante

Para iluminar de una manera muy original ambientes festivos, se coloca encima de un portalámparas.

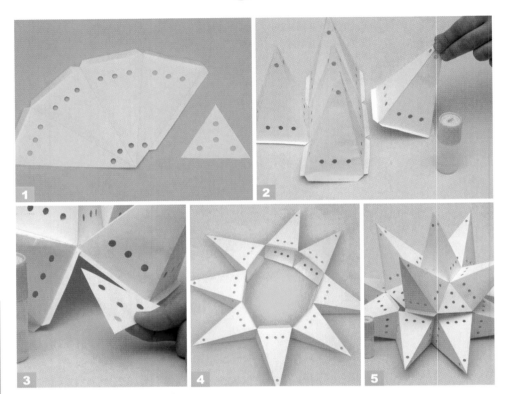

Materiales
- Cartón
- Frascos de vidrio
- Cartulina
- Cola vinílica
- Tijera
- Lápiz negro
- Sacabocados

1. Cortar las piezas de los picos y los triángulos de unión. Hacer orificios con el sacabocados. Marcar los dobleces y plegar.

2. Cerrar las pirámides y unir de a cinco.

3. Pegar un triángulo calado sobre las aletas de las cuatro pirámides de los extremos. Repetir la operación de los pasos 1, 2 y 3, para obtener una pieza igual.

4. Cortar y armar ocho pirámides más y unirlas por sus lados, formando un aro.

5. Pegar una de las piezas formadas en el paso 3 a la parte superior de la pieza en el paso 4 y en su parte inferior pegar la pieza restante para completar la estrella.

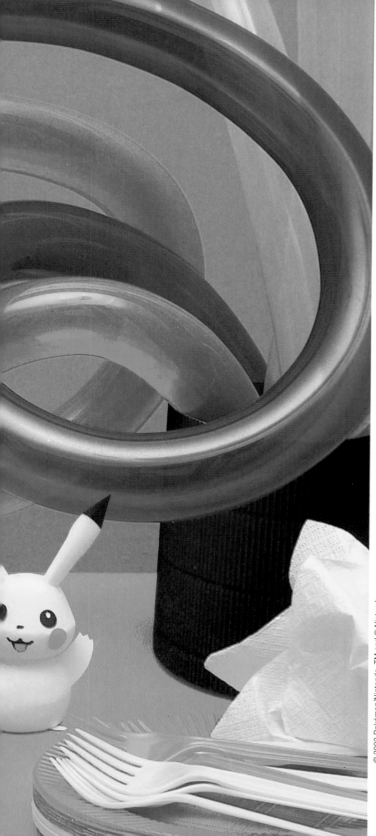

Set de Pokémon

Los personajes de uno de los dibujos animados favoritos de los niños son el motivo de este conjunto de adornos infantiles.

Materiales

●Cartulina marrón, negra, amarilla, celeste, blanca y roja ●Papel crepe amarillo, rojo y negro ●Escarbadientes ●Esferas de telgopor: 1 Nº 4, 2 Nº 5, 1 Nº 7, 2 Nº 8 y 1 Nº 21 ●Globos de globología ●Inflador de globos ●Cartón microcorrugado beige

Tips

□ Los infladores para bicicleta no sirven para inflar globos. Deben usarse los específicos para esta tarea, que arrojan aire y vuelven a tomar impulso sin tomar el aire que acaban de despedir.

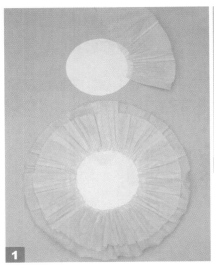

1

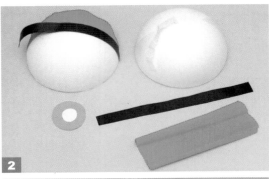

2

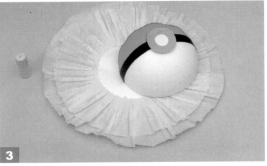

3

TipS

□ Para "torcer" los globos de globología se necesitan dos personas: una pone el brazo y la otra infla.

1. Enrollar un brazo con el globo de globología y sostener la punta cerrada.
2. La otra persona debe tomar la punta abierta, ponerla en el inflador e inflar.
3. Hacer varios globos de diferentes colores y colocar en un cilindro alto de cartón microcorrugado beige.

1. **Pokebola**. Cortar un círculo de cartulina blanca de unos 25 cm de diámetro. Cortar dos zócalos de papel crepe amarillo de 20 y de 25 cm de ancho. Fruncir y pegar alrededor del círculo blanco.

2. Forrar 1/2 esfera Nº 21 con papel crepe blanco. Colocar un rectángulo rojo en la mitad de la pieza y pegar, tensándolo. Pegar una tira de cartulina negra de 3 cm de ancho, para dividir los colores. Pegar un círculo blanco sobre uno celeste y pegar este botón sobre la tira negra.

3. Pegar la 1/2 esfera sobre el círculo de cartulina blanca.

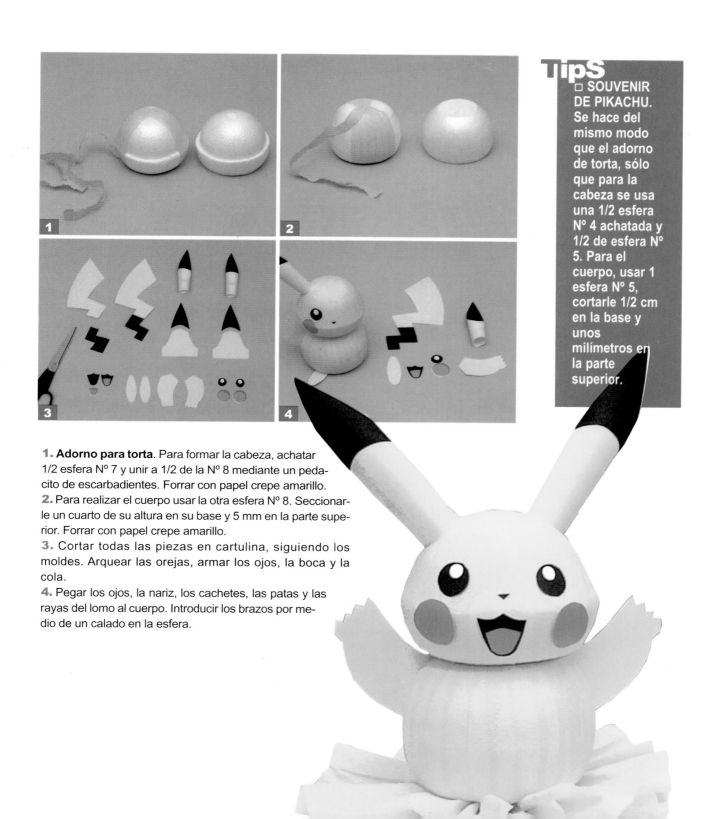

1. Adorno para torta. Para formar la cabeza, achatar 1/2 esfera Nº 7 y unir a 1/2 de la Nº 8 mediante un pedacito de escarbadientes. Forrar con papel crepe amarillo.

2. Para realizar el cuerpo usar la otra esfera Nº 8. Seccionarle un cuarto de su altura en su base y 5 mm en la parte superior. Forrar con papel crepe amarillo.

3. Cortar todas las piezas en cartulina, siguiendo los moldes. Arquear las orejas, armar los ojos, la boca y la cola.

4. Pegar los ojos, la nariz, los cachetes, las patas y las rayas del lomo al cuerpo. Introducir los brazos por medio de un calado en la esfera.

Souvenirs para bebés

El motivo de osos es un clásico para bebés y niños. En tonos de azul o verde se adapta para varones.

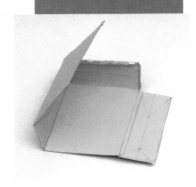

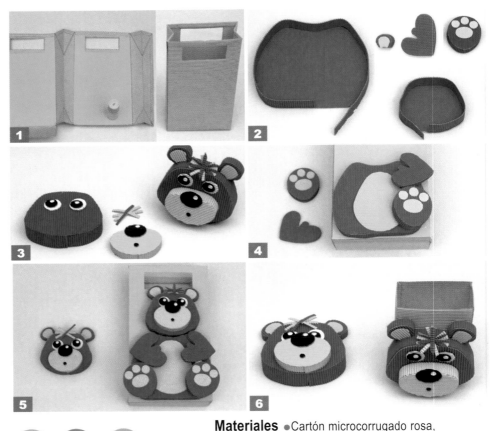

Materiales ●Cartón microcorrugado rosa, rosa claro, violeta, blanco y negro ●Tijera ●Cemento de contacto ●Sacabocados

1. Maqueta. Cortar la bolsa siguiendo los moldes. Marcar dobleces con punta seca. Pegar hacia adentro las aletas de la manija y los bordes. Armar la bolsa, pegando por las aletas y los laterales.

2. Cortar las partes de la cabeza, cuerpo, orejas, brazos, patas y huellas plantares. Pegar las tiras que les dan volumen.

3. Hacer el hocico en cartón rosa. Armar la cara sobre la cabeza. Cortar las partes del ojo y la nariz y los pelitos. Pegar las orejas.

4. Armar el cuerpo sobre la bolsa. Pegar la panza, las patas y los brazos.

5. Pegar la cabeza sobre la bolsa y la panza.

6. Souvenir. La bolsa es igual a la maqueta, pero más pequeña. La cabeza es idéntica a la de la maqueta, en colores y tamaño. Pegar sobre la bolsita.

Arco de globos

El resultado
es impactante
y la realización
muy sencilla.

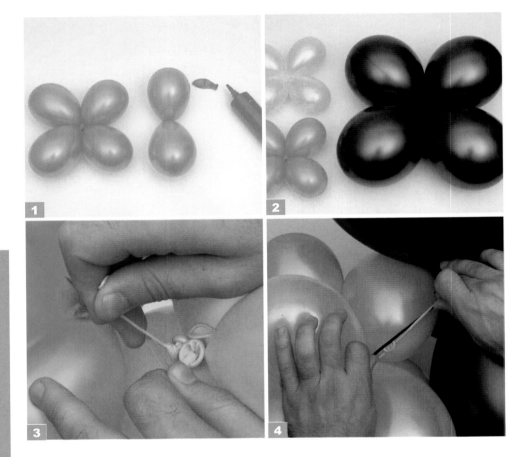

Materiales

●Globos de 5" amarillos y
rojos ●Globos de 9" negros
●Inflador de globos
●Tijera

1. Armar flores de cuatro globos de 5" (ver pág. 50). Una vez inflados, unirlos entre sí por los nudos.
2. Para preparar cada tramo de columna, armar cuatro flores rojas y tres amarillas con los globos de 5" y dos flores de cuatro globos de 9" negros por cada tramo.
3. Unir las flores amarillas y rojas entre sí, por los nudos.
4. Repetir la operación, para incorporar los globos negros en los tramos de columna.

Para vestir la mesa

Los motivos marinos están entre los favoritos de los niños. Resultan ideales para decorar el mantel de la fiesta.

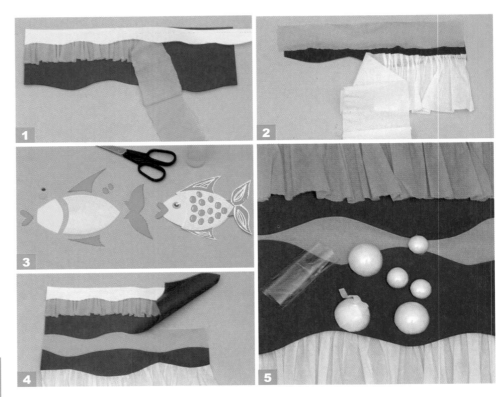

Materiales

●Papel film ●Esferas de telgopor: Nº 3 y 5 ●Papel crepe celeste y blanco ●Cartulina blanca, azul, roja y amarilla ●Marcadores ●Corrector de tinta ●Cemento de contacto ●Cola vinílica ●Tijera

1. Cortar ondas en un borde de cartulina azul de 19 cm de altura. Fruncir papel crepe celeste de 15 cm de ancho, por el borde superior de la tira azul. Cubrir el frunce con otra tira con un borde ondeado de cartulina blanca de 5 cm de ancho.

2. Cortar ondas en ambos bordes de cartulina azul de 11 cm de altura y una tira de papel crepe de 11 cm. Unir ambas con cola vinílica. Fruncir una tira de papel crepe blanco por el reverso de la cartulina azul con ondas, con una altura suficiente como para que el mantel llegue al piso.

3. Cortar todas las piezas de los peces en cartulina roja y amarilla, siguiendo los moldes y armarlos.

4. Pegar con cola las partes armadas en los pasos 1 y 2.

5. Para las burbujas, forrar 1/2 esferas de telgopor con papel blanco (ver pág. 51). Cubrir con el papel film. Pegar los peces y las burbujas al mantel.

Sombreros infantiles

Los clásicos bonetitos para chicos y sus correspondientes carameleras, haciendo juego.

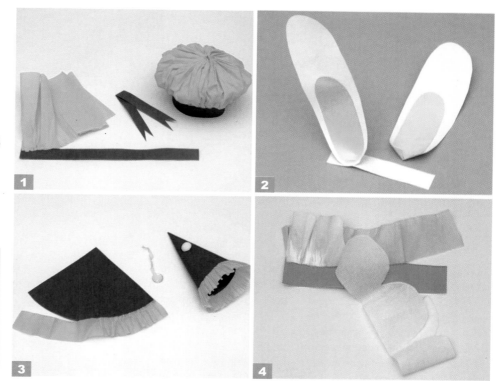

Tips

□Los gorritos se sostienen con hilo elástico. Las orejas se pueden sostener con clips o pegarlas a una vincha de plástico.

Materiales

- Cartulina naranja, amarilla, marrón, rosa, blanca y violeta
- Papel crepe naranja, amarillo, rosa, celeste, azul, verde claro y oscuro
- Cola vinílica
- Cinta de falletina
- Abrochadora
- Lápiz y regla
- Tijera
- Esferas de telgopor: 2 Nº 2 y 1 Nº 5
- Aguja
- Hilo celeste, naranja
- Cinta de raso bebé color lila

1. Marinero. Cortar un rectángulo de cartulina azul de la medida de la circunferencia de la cabeza del homenajeado x 3 cm de ancho. Fruncir un papel celeste de 22 cm de ancho por el borde. Cerrar uniendo los extremos del rectángulo. Coser la parte superior del gorro con hilo. Pegar un rectángulo de 28 x 2 cm, terminado en puntas y doblado al medio, para tapar la costura.

2. Orejas. Recortar dos partes externas en cartulina blanca y otras dos internas en cartulina rosa. Cerrar las pinzas con pegamento. Pegar las partes internas dentro de las pantallas. Abrochar las orejas a la vincha y pegar un moño de papel crepe rosa.

3. Bonete. Cortar la pieza, a la medida deseada. Fruncir papel naranja y pegarlo en el borde inferior, por dentro. Cerrar en forma de cono. Forrar dos semiesferas Nº 2 con papel amarillo (ver pág. 51) y pegar en el frente.

4. Capelina. Cortar un rectángulo de 50 x 5 cm en cartulina. Cortar papel crepe de 12 cm de ancho sin desenvolver y fruncir sobre uno de los bordes de la cartulina. Cortar pétalos siguiendo el molde y pegar papel crepe fruncido sobre el frunce anterior. Cerrar los extremos y agregar cintas de dos colores y anchos diferentes, pegando en la unión.

1
2
3
4

1. Ataditos marinos. Recortar dos rectángulos de 24 x 20 cm, uno en papel crepe azul y otro celeste. Superponerlos, colocar las golosinas en el centro y cerrar con un moño de cinta bebé lila. Decorar con un barquito de cartulina.

2. Zanahoria. Forrar una esfera de telgopor Nº 5 (ver pág. 51) con papel crepe naranja. Fruncir y pegar un rectángulo de 28 x 12 cm de cartulina naranja a la altura de la mitad de la esfera. Cerrar el papel crepe formando un cilindro. Colocar golosinas y regalitos dentro y cerrar atando con un hilo. Tapar con un poco de papel del mismo color. Agregar flecos de 12 x 5 cm de papel verde claro y de 12 x 3 cm verde oscuro, haciendo un orificio en la parte superior e introduciendo las tiritas con pegamento en los extremos.

3. Bonete caramelero. Cortar el bonete en cartulina violeta. Fruncir y pegar una tira de papel crepe naranja de 3 x 35 cm en el borde, por dentro. Repetir la operación superponiendo otro color sobre el anterior. Cerrar formando un cono. Rellenar con golosinas y juguetitos y pegar un círculo de 13 cm de diámetro de cartulina violeta sobre la base del volado de papel. Recortar dos círculos en cartulina amarilla y pegar sobre el frente.

4. Canastita. Cortar un rectángulo de 4 x 20 cm en cartulina rosa. Fruncir una tira de papel crepe rosa de 4 x 40 cm sobre la cartulina. Repetir la operación superponiendo el frunce sobre el anterior y cerrar con un broche. Colocar pegamento en la base y apoyar sobre un círculo de 7 cm de diámetro. Dejar secar. Cortar una tira de 4 x 36 cm de cartulina para hacer la manija y pegar a los costados de la canasta. Completar con moños de papel crepe rosa.

COTILLÓN
y decoración de fiestas

Antes,
el cotillón se limitaba a
las fiestas infantiles, pero ahora
ya es parte infaltable en todo festejo,
sea éste de adultos o de niños. Todos
quieren tener su sombrero, los globos más divertidos, una piñata y hasta souvenirs y por eso
el cotillón y la decoración de fiestas se convierten
en un emprendimiento comercial rentable. En este
suplemento se enumeran y explican las técnicas
utilizadas en los proyectos y se suministra información adicional sobre los materiales empleados. Además, se ofrece una guía para que
esta actividad se transforme en un negocio próspero y brinde muchas
satisfacciones. Como
la más
linda de
las fiestas.

hacer&vender

Cómo realizar objetos de cotillón

Todo elemento de decoración de una fiesta implica un delicado trabajo artesanal, cuyos secretos enumeramos aquí. Es fundamental dominar la técnica para que los resultados sean óptimos.

MATERIALES

Cartón corrugado y microcorrugado
● Puede ser flexible o rígido. Para doblarlo, hay que hacerlo en el sentido opuesto al acanalado. Para otorgarle mayor rigidez, cortar dos partes iguales y pegar por el revés.

● Se lo puede combinar con otros materiales, siempre que sean rústicos. Deben evitarse los brillosos y suntuosos.

● Se lo puede marcar con la punta seca de un bolígrafo en desuso. Así, se hace una marca profunda, que no corta el cartón y sí facilita el plegado.

Papel crepe

 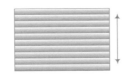

● La gran ventaja que ofrece el papel crepe es que es tan flexible que adopta la forma que se le da, casi como un género.

● Destiñe con la exposición solar y también con el pegamento. Por eso, conviene pegarlo en pequeñas cantidades cada vez.

● Se debe practicar bastante la técnica, para no desperdiciar papel. Si un objeto se forró mal, el papel crepe no sirve más, no se puede reutilizar.

Para dorar
La brillantina se hace con vidrio y tiende a oscurecerse por acción de la luz. Es decir que un tiempo después de realizado un adorno, en lugar de dorado se verá verde oscuro o negro. El givré no varía su color y es más liviano. La purpurina es casi un polvo, sirve para pintar, no para dar textura, como los otros dos materiales. La brillantina y el givré se parecen al azúcar y la purpurina, al azúcar impalpable.

Herramientas de corte
Las más usadas son la tijera y el cortante. En ambos casos hay que tener en cuenta que tanto el papel (de cualquier tipo) como la goma EVA son materiales que las desafilan permanentemente. En menor medida, también se usa el sacabocados.

TÉCNICAS

Globología
Se usan los globos de 9", que son los que suelen utilizarse en cualquier fiesta; los de 5", iguales pero más pequeños, y los llamados de globología, que una vez inflados, quedan alargados. Todos, más el inflador se venden en casas de cotillón. No se pue-

de usar el inflador de bicicletas. La ventaja de los de globología es que se pueden cortar a la medida deseada y usar sin problemas. Hay que tener la precaución de que el cortado conserve la punta original, para poner el inflador. Del lado del corte se hace un nudo. Esto sólo sirve para hacer globitos circulares, porque una vez inflados los nudos se atan entre sí, lo que les da la forma redonda.

Muñecos

Habitualmente se arman con esferas de telgopor. Éstas se forran previamente o luego de armado el adorno. No es indistinto, sino que se especifica en cada caso. Por ejemplo, algunos se arman combinando dos esferas forradas y en otros casos, primero se arma la figura con esferas y/o semiesferas y luego se forra todo junto. Hay ositos cuyo cuerpo es una esfera forrada y la cabeza otra, de menor tamaño y forrada con el mismo papel. En cambio, el cuerpo de muchos hongos se hace combinando diversas piezas que luego se forran, para dar la forma alargada. Las partes se unen entre sí con pedacitos de escarbadientes o palillos. Estas uniones se fijan con cola vinílica.

Esferas de telgopor

De la Nº 0 a la 11 son macizas y se cortan con trincheta, como se indica en cada caso (1/2 esfera, 1/4 de esfera, etcétera). De la Nº 12 en adelante son huecas y se presentan cortadas por la mitad, en forma de semiesferas.

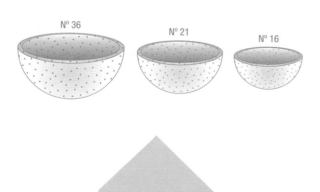

Nº 36 Nº 21 Nº 16

Forrado de esferas

1. Cortar tiras de papel crepe sin desenvolver el pliego. El ancho dependerá del tamaño de la esfera o figura a forrar. Igualmente, dado el tamaño de los adornos mostrados en los proyectos, en general se trata de tiritas de 1 cm de ancho, aproximadamente.

2. Desenvolver la tira y pegar uno de los extremos en uno de los polos de la esfera, con apenas un punto de cola vinílica (el crepe tiende a desteñir, lo que obliga a manejarlo con precisión y con cuidado). Dejar el pulgar de la mano con la que se sostiene la esfera sobre el papel ya pegado, tensar la tira de papel y estirar. Rotar la esfera una vuelta completa y llegar al punto de partida. A partir de ahí, las vueltas deben superponerse levemente, para sostenerse sobre al esfera. Los cruces de papel se hacen únicamente en los polos. Repetir la operación hasta que la esfera quede cubierta por completo.

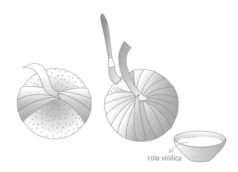

cola vinílica

Forrado de 1/2 esfera

Proceder como con la esfera completa, con la salvedad de que los cruces se harán en el polo y en el centro de la parte plana.

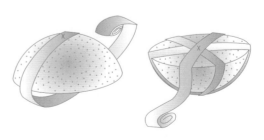

Forrado de esferas superpuestas

Una vez unidas ambas esferas, sean o no del mismo tamaño, se las forra partiendo del polo superior de una de ellas hasta el polo inferior de la otra y de ahí nuevamente a la primera. Queda una figura alargada.

Forrado de esferas y 1/2 esfera

La media esfera puede unirse a la entera por el

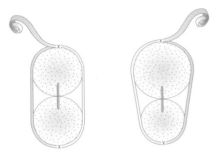

polo o por el punto central de la parte plana. En este caso, los puntos de cruces son los polos de las esferas y el polo o el punto central de la parte plana de la 1/2 esfera.

Orificios

Cuando hay que agujerear una esfera de telgopor

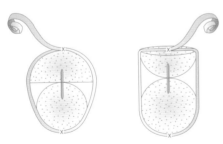

para introducirle algo, se puede trabajar con la punta de la tijera, un punzón o una aguja de colchonero. Una vez metido (la hostia de la pág. 2, las hojitas de la zanahoria de la pág. 48), se fija con un poco de cola vinílica o adhesivo instantáneo.

ADORNOS

Flecos

Cortar un zócalo de papel del ancho necesario, sin desenvolver el pliego. Cortar con la tijera, dejando un par de centímetros sin tocar. Desenrollar y pegar con cola vinílica.

Pastitos y pelos

Se hacen con papel crepe, cartulina, papel glasé o goma EVA, entre otros materiales. Cortar muchas tiritas minúsculas de no más de 2 mm de ancho y unos 3 cm de largo. Superponer e ir pegando a medida que se van apoyando.

Flores

1. Superponer cuadrados de papel crepe. Tomarlos todos juntos, como si fueran un anotador, y cortar círculos desparejos, inclusive con algunas puntas.

2. Cada flor tiene un mínimo de tres pétalos y un máximo de cinco. Una vez que se cortaron todos juntos, despegar y abrochar desparejos.

3. Tomar los dos superiores y rotarlos unos 3 cm hacia la derecha. Luego tomar el superior y rotarlo en sentido opuesto, como volviéndolo a su posición original.

Para optimizar el tiempo de trabajo, en lugar de hacer cada flor y pegar, se recomienda abrochar los pétalos directamente sobre la superficie a decorar y trabajarlas ahí.

Moños

Cortar rectángulos de papel crepe o cartulina. Unir por las puntas y abrochar en el centro. Queda una especie de lazo. Decorar en el centro con una flor, otro moño, un botón o un pedazo del mismo material, que se pega por el revés.

La decoración de fiestas como empresa

El hecho de que en la actualidad las fiestas de jóvenes y adultos también requieran todo tipo de adornos y artículos de cotillón ha convertido a esta manualidad en una actividad de probada rentabilidad.

La mayor ventaja que ofrece la decoración de fiestas es la gran variedad de objetos que permite fabricar y vender. A esto se suma que son muchísimos los motivos que llevan a organizar un festejo. De hecho, siempre se habló de artículos de cotillón y se ha optado por hablar también de decoración de fiestas, dado que esta definición incluye todo lo que el rubro puede abarcar. Por eso, el primer paso consiste en enumerar cuanto es posible realizar para hacer un análisis correcto de lo que uno podría llegar a fabricar con fines comerciales.

● **MOTIVOS DE FESTEJO**

Cumpleaños: bebés, niños, adolescentes, jóvenes y adultos

Aniversarios: matrimonio, instituciones, localidades

Celebraciones: bodas, fiestas regionales, bautismos, comuniones, bar mitzva y graduaciones.

● **TIPO DE FIESTAS**

En cualquier caso hay que pensar en invitaciones, cartel de bienvenida, manteles, decoración de paredes y mesas, cotillón para los invitados (sombreros, vinchas, orejas), torta, souvenirs y regalos para los invitados. Una tendencia que se ha impuesto es la de las fiestas temáticas: un equis motivo domina la fiesta. Por ejemplo, si a un niño le gusta la línea de Pókemon, se pueden hacer todos los artículos con ese motivo. A las sugerencias de la pág. 36 se le

pueden agregar las invitaciones de la pág. 32 pero con un Pikachu o una pokebola troquelada, sombreritos con dibujos de Ash para los varones y Misty para las nenas, una piñata como la de pág. 18 con flores celestes, blancas, negras y rojas, simulando una pokebola y un mantel como el de pág. 44 pero con Pikachus en lugar de peces. En ese sentido, los proyectos ofrecidos en este libro son el punto de partida para organizar todo tipo de fiesta temática. El mantel con peces, con otros colores, sirve perfectamente para una comunión o un bautismo. El gato caramelero de la pág. 4 se puede combinar con un adorno de torta con gatos en lugar de osos y vinchas con orejas de gato, para un cumpleaños infantil. Vale decir: el tema elegido se puede trasladar a todos los elementos que hacen a una celebración.

● **EL ARMADO DE UNA EMPRESA**

Hay decisiones difíciles de tomar. Por ejemplo, la de encarar un negocio. Expresarlo es sencillo, pero concretarlo no tanto. Es lógico que los temores sean una constante al principio. Para los que nunca tuvieron un negocio, por inexperiencia. Para los que ya han tenido algún emprendimiento de este tipo, porque saben de qué se trata y cuánto implica. Por de pronto, una inversión para comprar materiales y fabricar los primeros productos, la dedicación de muchas horas todos los días y la responsabilidad de responder ante los clientes. También hay que prever la reacción familiar. Pero si se ha decidido encarar el emprendimiento, hay una serie de preguntas que uno debe hacerse, para una correcta organización.

1. Definición del producto o servicio se va a ofrecer.

La decoración de fiestas, ya se ha visto, abarca muchos elementos. Uno puede intentar abarcarlos todos o sólo dedicarse a algunos, por ejemplo, circunscribirse a lo infantil.

2. ¿Estoy en condiciones de hacer esto?

Hay un detalle fundamental para el correcto desempeño de una empresa: a uno debería gustarle lo que hace. Trabajar con gusto favorece una mejor disposición. También es primordial dominar la manualidad, para optimizar los tiempos de producción. Cuidado: no hay que confundir rapidez con dominio o eficacia.

3. ¿Es necesario lo que voy a ofrecer?

Es importante ser honestos y analizar fríamente si es necesario un emprendimiento de este tipo o si el mercado está saturado. Pero, inclusive en el primero de los casos, siempre es preferible tratar de diferenciarse. Es prácticamente seguro que uno podrá armarse una buena clientela en relativamente poco tiempo, dado que uno es el único proveedor de algo en especial. Hacer lo mismo que el resto seguramente permitirá conseguir clientes, pero también es probable que los clientes no quieran tomar nuevos proveedores para los mismos productos de siempre y privilegien a aquellos con los que vienen trabajando. En cambio, si uno se distingue por un tipo de piñata especial y totalmente nueva, esos mismos negocios querrán comprarla, porque nadie más la posee.

4. ¿Gustará lo que ofrezco?

No hay estudio de marketing más sencillo que mostrar lo que uno hace al entorno. Hasta es factible armar una suerte de reunión con allegados para exhibir la primera producción y pedir opiniones al respecto. De paso, los comentarios posteriores servirán para evaluar cuán permeable es uno a la opinión ajena y qué capacidad de reacción tiene para efectuar cambios. Es decir, ver qué haría uno ante la sugerencia de un cliente.

5. ¿Cómo se encuentra el mercado?

Para poder establecer qué se va a ofrecer, qué rubros se van a abarcar, hay que recorrer otros negocios y proveedores y ver qué se está ofreciendo. Esto es lo que permite proyectar los primeros pasos a dar.

PROYECCIONES Y OBJETIVOS

Una vez hechas las primeras evaluaciones, deben establecerse objetivos a cumplir en el corto, mediano y largo plazo. La inestabilidad económica que caracteriza a muchos países no es excusa para improvisar.

En una empresa siempre deben tomarse todos los recaudos posibles, para que la improvisación sólo sea necesaria ante un imprevisto. Vale decir: si las circunstancias del mercado local varían en forma notable, obviamente deberán reverse algunas determinaciones, pero deben hacerse proyecciones y lo mejor es que sean racionales y conservadoras, para que su cumplimiento sea factible.

Como la mayoría de estos emprendimientos suelen iniciarse en el ámbito del hogar, debe contarse con el consenso y el respaldo familiar. Sin ellos, el proyecto será difícil de llevar a cabo.

TIEMPO Y LUGAR DE TRABAJO

Todo empresa necesita un espacio físico para funcionar. Como ya se dijo, lo más seguro es que sea en la propia vivienda.

En el caso de la decoración de fiestas, debe contarse con una mesa grande y un buen asiento, dado que prácticamente todo el trabajo se hace sentado. También es fundamental disponer de buena iluminación, natural y artificial. Esta última debe ser puntual, para que el campo de trabajo tenga la luminosidad necesaria.

En cuanto a los lugares de guardado, serán necesarios para:

● El stock
● Los encargos
● Las herramientas (tijera, cortante, cola vinílica, cemento de contacto, sacabocados, abrochadora)
● Los materiales (papel crepe, cartulina, goma EVA, goma espuma, palillos, esferas de telgopor)
● Los sobrantes de materiales

Se recomienda mantener el mayor orden posible, para evitar pérdidas de tiempo innecesarias. En especial, en el caso de los sobrantes, porque si se empieza a mezclar todo, termina por no encontrarse nada.

Lo enumerado hasta aquí habla a las claras de que el lugar de trabajo debe estar bien delimitado, para poder tener un ritmo de trabajo que favorezca una producción fluida. Esto también supone el establecimiento de horarios y reglas a respetar y cumplir por uno mismo y por los demás. Quizás parezca un detalle más, pero el del tiempo es uno de los temas más difíciles de manejar. Nunca resulta sencillo imponerse una disciplina, pero en todo trabajo es imprescindible y está en uno velar por un acatamiento efectivo por parte de todos.

LOS PRIMEROS PASOS

Ya en tema, hay que pensar en tres factores que están directamente relacionados entre sí: la inversión inicial, la primera producción y la confección de un muestrario y/o un catálogo. Una vez determinado qué rubros se van a abarcar, hay que pensar en empezar a fabricar mercadería, para armar un muestrario que se pueda mostrar a los clientes potenciales. Para realizar todo esto, será necesario comprar herramientas y materiales.

La denominada inversión inicial incluye todo lo necesario para ponerse en acción, desde la mesa y la silla, hasta los lugares de guardado, más las herramientas y los materiales. Para que la compra sea racional, conviene pensar bien qué se va a mostrar, lo que permitirá calcular cantidades, así no se compra de más ni de menos. Estos primeros gastos no se recuperan enseguida, sino que se van amortizando con el paso del tiempo.

En cuanto al muestrario, debe ser lo suficientemente variado como para dar una idea de cuánto puede ofrecer uno. Es una manera de mostrar el gusto y el estilo aplicados, y la prolijidad en la confección y terminación de los productos.

Un problema que acarrea la decoración de fiestas es que muchos de los productos son grandes o difíciles de transportar. Por ejemplo, la globología ocupa mucho espacio y la mayoría de los adornos para torta terminarían rotos si se los lleva de aquí para allá. Por eso, lo mejor sería armar un catálogo con fotos (otro ítem que, entonces, hay que incluir en la inversión inicial) y llevar con uno aquellos objetos que se arruinarían menos, como las tarjetas (pág. 32), algún souvenir (pág. 40), un adorno para torta transportado en una caja, un mantel (pág. 44), alguna bolsa (pág. 24) y algún bonetito haciendo juego con una caramelera (pág. 46).

En cuanto a las fotos, lo mejor será hacer tomas individuales de los objetos más otras de diferentes ambientaciones, para mostrar la variedad de productos que se ofrecen. Este catálogo debe ir actualizándose con fotos de los trabajos que uno va realizando.

COSTOS Y PRECIO

Hablar de estos dos temas es bastante sencillo y la experiencia demuestra que ponerlo en práctica es exactamente lo contrario. En sí, costos y precios son dos ítems directamente relacionados, porque el segundo depende en gran medida del primero.

El precio está formado por:
1. El costo de los materiales empleados o insumos
2. La amortización de la inversión inicial
3. La amortización de la reposición de herramientas
4. La mano de obra

Como los puntos 2 y 3 son sólo un porcentaje y el

4 es un plus que varía, es fundamental atender al punto 1. El cálculo es sencillo: a mayores costos, precios más altos. A menores costos, precios más accesibles. Igualmente hay que recordar que la calidad tiene su precio, por eso lo más recomendable es buscar exhaustivamente los mejores precios sin resignar demasiado la calidad, para que lo barato no se transforme en una baratija.

Desde el punto de vista económico, hay tres tipos de costos: fijos, variables y de venta. Los primeros son los de la estructura (alquiler, sueldos, impuestos, servicios, jubilación y seguro). Se mantienen constantes más allá de la producción. Es decir, el alquiler no aumenta porque uno produzca más o menos. En el caso de este tipo de miniempresa prácticamente no los hay, porque se desarrolla en el hogar. Si fuera necesario ampliarse y hubiera que buscar un taller, entonces sí habría que tenerlos en cuenta. Los variables abarcan todos los materiales de trabajo. Se los llama así porque se mueven junto con la producción: si se compra y fabrica más, aumentan estos números. Esto no implica un aumento de precios, aunque se supone que debería representar una ganancia mayor. Por último, los gastos de venta son los que se originan en el hecho de vender: por ejemplo comisiones, viáticos y traslados.

Finalmente, para determinar el precio de un producto debe calcularse el costo final del trabajo.

Esto está integrado por:

1. Los materiales utilizados: papeles, pegamentos, etcétera. Se divide el gasto de material por la cantidad de objetos que permitió realizar.

2. Amortización de la inversión inicial y de la compra de herramientas: un porcentaje.

3. Trabajo: a partir del 50 por ciento más sobre la suma de los ítems 1 y 2.

Por ejemplo, si se gastó 1 peso por souvenir y se agregan 0,50 centavos como amortización de capital inicial e inversión, el recargo es a partir de 0,75 centavos. Muchos artesanos directamente lo duplican. Es decir, que el precio de cada souvenir debería rondar entre los 2,25 y 3 pesos.

Por lo general, se calcula el porcentaje de recargo por trabajo de acuerdo con la cantidad encargada. De hecho, no es lo mismo vender 1 adorno para torta que 5 sets de 30 souvenirs cada uno para un negocio de cotillón. El porcentaje de ganancia seguramente será menor, porque la ganancia crecerá en la cantidad pedida.

De todos modos, algunas cosas siempre rinden más que otras. Es probable que un adorno de torta dé más trabajo que un mantel, pero quizás dejen una ganancia similar. También hay que entender que muchos precios (tal vez todos) provengan del mercado. Por lo tanto, para poder incrementar ganancias hay que pensar en artículos novedosos que permitan ganar nuevos y mejores clientes.

Al principio, hay que pensar en ofrecer facilidades de venta, como puede ser la entrega de mercadería en consignación, y la promoción de algunos productos, para conseguir clientes. Claro que esto nunca puede involucrar el regalo del trabajo, porque uno quedaría muy mal ante los otros proveedores, que tendrían derecho a considerar esta práctica como competencia desleal.

ASPECTOS LEGALES

Una empresa debe contar con sus papeles en regla para poder ponerse en marcha. Para evitar errores, lo más adecuado es contratar a un contador. Es conveniente comenzar con estos trámites lo antes posible, para que en cuanto esté listo el muestrario se pueda salir a visitar clientes, con facturas y recibos en mano. Si no, se corre el peligro de perder clientes al no poder efectuar transacciones por las vías normales.

ACERCA DE LA CLIENTELA

Uno de los ítems fundamentales de este metier es la venta. Sin ella, no hay negocio. Los especialistas en miniempresas sostienen que al menos en los primeros tiempos conviene que sea el propio dueño el encargado del tema, porque es quien mejor conoce de qué se trata la mercadería. Pero también es cierto que hay gente que se considera totalmente imposibilitada para realizar una venta. En ese caso, es preferible contratar a un corredor, cuya elección deberá ser hecha a conciencia. Hay que tener en cuenta que esa persona será la imagen de la firma, quien directamente ofrezca los productos y quien más trate con los clientes. Debe tener buen trato y ser receptivo a sus reclamos, dado que tendrá que transmitir las inquietudes que le hagan al fabricante.

Con respecto a la clientela, mientras se va preparando la primera producción, hay que armar un listado de clientes potenciales para contactar cuando se haya terminado el muestrario y el catálogo. Lo más recomendable es concertar una entrevista previamente, para evitar llegar en un momento inoportuno.

Se podría decir que hay dos tipos de clientes: tradicionales y no tradicionales. En el caso de la decoración de fiestas, entre los primeros están las casas de cotillón. Pero hay una forma de buscar compradores alternativos: tomando una suerte de diagonal para llegar antes al mismo lugar. ¿A quién le venden los cotillones? Por ejemplo, a los salones de fiestas. ¿A qué lugares puede dirigirse uno? A los cotillones y a los salones de fiestas, tanto los de adultos como los de fiestas infantiles. También están las casas de repostería, que son clientes tradicionales. Pero también hay infinidad de personas que decoran tortas en sus casas. ¿Por qué no ofrecerles adornos a precios convenientes? Es cuestión de aguzar el ingenio.

Solo o en sociedad

La decoración de fiestas, a diferencia de la mayoría de las manualidades, se puede hacer con otras personas. Pero si a uno no le interesa conformar una sociedad, sí puede vincularse con gente que haga alguna de las cosas que uno no hace y trabajar en conjunto sólo en determinadas ocasiones. Por ejemplo, si uno no hace globología y en una fiesta se solicita este tipo de decoración, es conveniente ponerse de acuerdo con alguien que lo haga. En ese caso puntual se comparten las ganancias, pero lo importante es que uno no pierde el cliente. De esta forma, uno puede armar una especie de sociedad eventual, es decir, que trabaja únicamente cuando se presenta la ocasión, no en todos los casos.

INSUMOS

Hay dos tipos de materiales: los que se consumen por completo con cada objeto y los que se gastan con varios. Entre los primeros están las esferas: si uno tiene que hacer un adorno de torta, usará 4 esferas para hacer dos osos. En cambio, no puede comprar el papel crepe ni la cola sólo para esos 4 elementos. De ambos sobrarán. Por eso, a la hora de calcular un precio, hay que contar todas las esferas y sólo un porcentaje de papel y cola.

Para adaptar y copiar

Éstos son los motivos usados en este libro. En cada caso hay que calcarlos y ampliarlos o reducirlos mediante fotocopias, de acuerdo con el tamaño del soporte elegido.

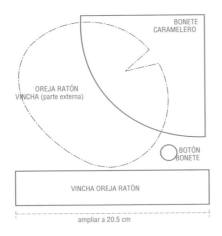

BONETE CARAMELERO

OREJA RATÓN
VINCHA (parte externa)

BOTÓN BONETE

VINCHA OREJA RATÓN

ampliar a 20.5 cm

Sombreros infantiles
pág. 46

Piñata multicolor
pág. 18

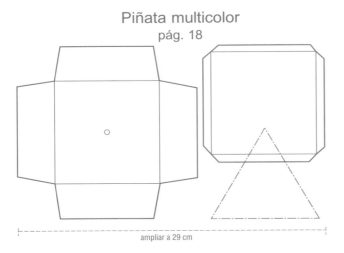

ampliar a 29 cm

Para vestir la mesa
pág. 44

ALETA SUPERIOR   OJO   BOCA

CUERPO   CARA

ALETA INFERIOR

ALETA TRASERA

ampliar a 15 cm

Noche de Halloween
pág. 04

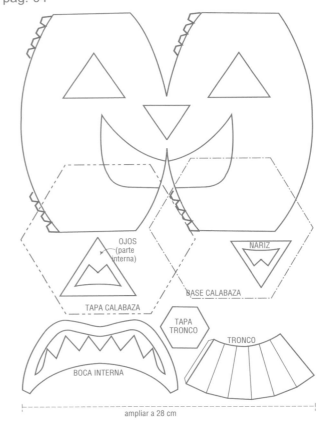

OJOS (parte interna)

NARIZ

BASE CALABAZA

TAPA CALABAZA

TAPA TRONCO

TRONCO

BOCA INTERNA

ampliar a 28 cm

58

Trío de títeres
pág. 28

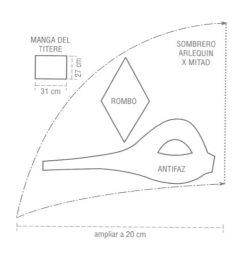

MANGA DEL TITERE

27 cm

31 cm

SOMBRERO ARLEQUIN X MITAD

ROMBO

ANTIFAZ

ampliar a 20 cm

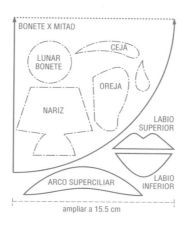

BONETE X MITAD

CEJA

LUNAR BONETE

OREJA

NARIZ

LABIO SUPERIOR

LABIO INFERIOR

ARCO SUPERCILIAR

ampliar a 15.5 cm

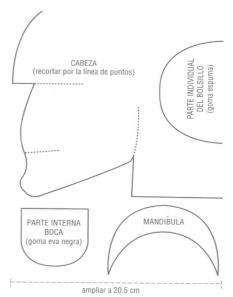

CABEZA
(recortar por la línea de puntos)

PARTE INDIVIDUAL DEL BOLSILLO
(goma espuma)

PARTE INTERNA BOCA
(goma eva negra)

MANDÍBULA

ampliar a 20.5 cm

Noche de Halloween
pág. 4

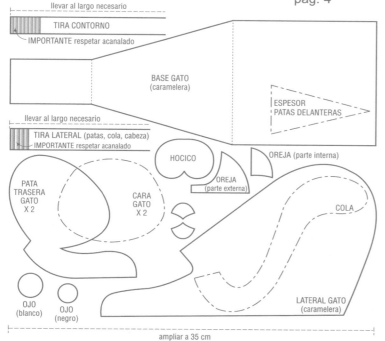

llevar al largo necesario

TIRA CONTORNO

IMPORTANTE respetar acanalado

BASE GATO
(caramelera)

ESPESOR PATAS DELANTERAS

llevar al largo necesario

TIRA LATERAL (patas, cola, cabeza)
IMPORTANTE respetar acanalado

HOCICO

OREJA (parte interna)

OREJA
(parte externa)

COLA

PATA TRASERA GATO X 2

CARA GATO X 2

OJO
(blanco)

OJO
(negro)

LATERAL GATO
(caramelera)

ampliar a 35 cm

Tarjetas troqueladas
pág. 32

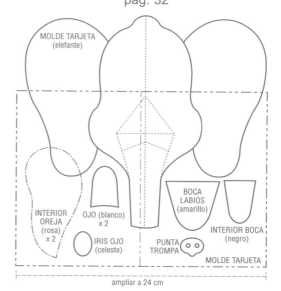

MOLDE TARJETA
(elefante)

INTERIOR OREJA
(rosa)
x 2

OJO (blanco)
x 2

IRIS OJO
(celeste)

PUNTA TROMPA

BOCA LABIOS
(amarillo)

INTERIOR BOCA
(negro)

MOLDE TARJETA

ampliar a 24 cm

Set de Pokémon
pág. 36

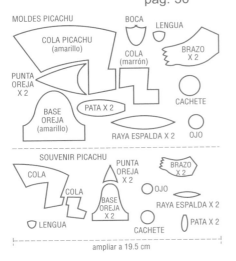

MOLDES PICACHU

COLA PICACHU
(amarillo)

BOCA

LENGUA

COLA
(marrón)

BRAZO
X 2

PUNTA
OREJA
X 2

CACHETE

BASE
OREJA
(amarillo)

PATA X 2

RAYA ESPALDA X 2

OJO

SOUVENIR PICACHU

COLA

PUNTA
OREJA
X 2

BRAZO
X 2

COLA

OJO

BASE
OREJA
X 2

RAYA ESPALDA X 2

LENGUA

CACHETE

PATA X 2

ampliar a 19.5 cm

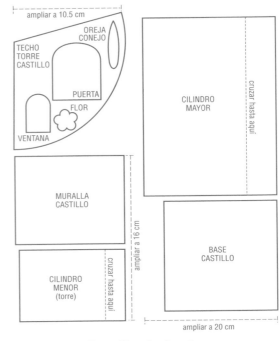

ampliar a 10.5 cm

OREJA
CONEJO

TECHO
TORRE
CASTILLO

PUERTA

CILINDRO
MAYOR

FLOR

VENTANA

MURALLA
CASTILLO

cruzar hasta aquí

BASE
CASTILLO

CILINDRO
MENOR
(torre)

cruzar hasta aquí

ampliar a 16 cm

ampliar a 20 cm

Noche de Halloween
pág. 4

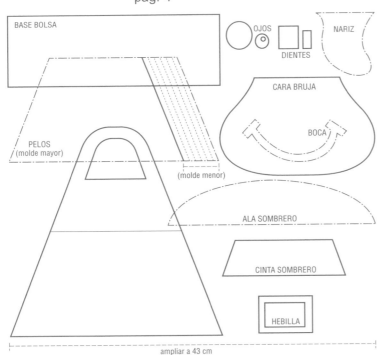

BASE BOLSA

OJOS

NARIZ

DIENTES

CARA BRUJA

PELOS
(molde mayor)

BOCA

(molde menor)

ALA SOMBRERO

CINTA SOMBRERO

HEBILLA

ampliar a 43 cm

Castillo de hadas
pág. 12

Estrella colgante
pág. 34

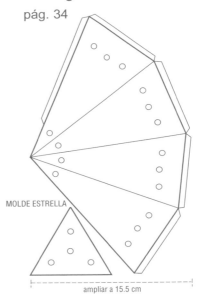

MOLDE ESTRELLA

ampliar a 15.5 cm

Sombreros locos
pág. 20

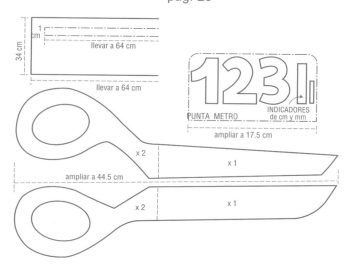

34 cm

1 cm

llevar a 64 cm

llevar a 64 cm

123 PUNTA METRO · INDICADORES de cm y mm

ampliar a 17.5 cm

x 2

x 1

ampliar a 44.5 cm

x 2

x 1

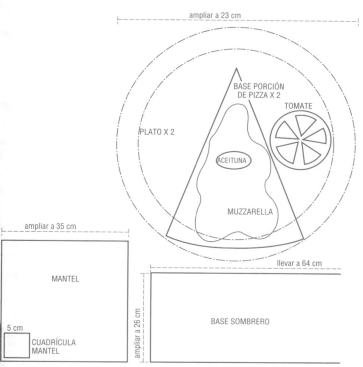

ampliar a 23 cm

PLATO X 2

BASE PORCIÓN DE PIZZA X 2

TOMATE

ACEITUNA

MUZZARELLA

ampliar a 35 cm

MANTEL

5 cm

CUADRÍCULA MANTEL

ampliar a 26 cm

llevar a 64 cm

BASE SOMBRERO

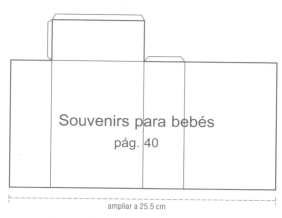

Souvenirs para bebés
pág. 40

ampliar a 25.5 cm

Souvenirs / Ositos cariñosos
pág. 40 y 8

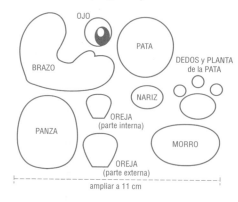

OJO

PATA

BRAZO

DEDOS y PLANTA de la PATA

NARIZ

OREJA (parte interna)

PANZA

MORRO

OREJA (parte externa)

ampliar a 11 cm

ESFERAS QUE COMPONEN EL ADORNO

CABEZA
3/4 Nº 3
1/2 Nº 4

CUERPO
Nº 6

PIERNAS
1/2 Nº 2

PATAS
1/2 Nº 2

Para recibir al bebé
pág. 26

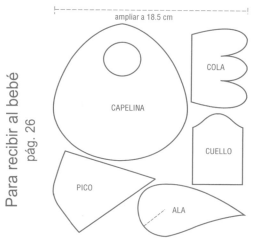

ampliar a 18.5 cm

CAPELINA

COLA

CUELLO

PICO

ALA

índice

Cotillón
y decoración de fiestas

Dirección de la colección: Isabel Toyos
Producción editorial y diseño: María Matilde Bossi
Fotos: Sebastián Gringauz
Producción fotográfica: Graciela Boldarin
Redacción e informes: Florencia Romeo
Ilustraciones: Laura Jardón
Corrección: Marisa Corgatelli

© Longseller S.A., 2003
Casa matriz: Av. San Juan 777
(C1147AAF) Buenos Aires
República Argentina
Internet: www.longseller.com.ar
E-mail: ventas@longseller.com.ar

745.5
MUC   Muchut, Luis
        Cotillón y decoración de fiestas.- 1ª ed.-
        Buenos Aires: Longseller, 2003.
            64 p.; 23x21 cm.- (Practideas)

            ISBN 987-550-285-5

            I. Título – 1. Cotillón 2. Disfraces

Esta edición de 3000 ejemplares se terminó de
imprimir en los talleres de Longseller, en Buenos Aires,
República Argentina, en junio de 2003.